末っ子として生まれました。生まれてまもなく、重度の肺炎にかかり、危うく絶命するところだったと聞いていましたが、その後も、虚弱体質で、すぐに高熱を出しました。

すると、いつも恐ろしい悪夢を見ることになり、「死んだら、どうなるんだろう」とか、「子供のまま死んでしまったら、生まれてきた意味があるのだろうか」などと、クヨクヨと考えこむことがよくありました。その不安な気持ちが、私を宗教的な世界に近づけたと思います。

五歳上の姉が、私が生まれる二年ほど前に、予防注射が原因で夭折《ようせつ》しました。深い悲しみを体験した両親は、私まで死なせたくないと思って、私を過保護気味に育てました。中学校時代に「青びょうたん」というあだ名をつけられていた私は、運動神経も鈍い上に、ひどい下痢症状に苦しんでいました。

もっと心も体も強くなりたいと思っていた私は、クラスメートの中に禅寺の小僧さんがいることを知り、彼のお寺によく遊びに行きました。すると、畑を耕したり、薪《まき》割りをしたり、それまで経験したことのない肉体労働に新鮮な喜びを感じました。そのうちに、お寺の和尚さんから「君は坊さんになると、大成する」みたいなことを言われ、ちょっと心が動き始めました。

結局、中学二年生の冬、それまで通っていたキリスト教会でクリスマス・キャロルを歌ってから、親には「お寺に除夜の鐘を突きに行ってくるよ」と言ったまま、家出してしまったのです。その瞬間から、私は想像もしない二十年の禅寺生活を始めることになったのです。

もちろん、両親は嘆き悲しみ、私をなんとか連れ帰ろうとしましたが、私は頑として従いませんでした。きっと前世の因縁というか、目に見えない大きな力に導かれていたのだと思います。

私を得度した師匠は、優れた学僧で、英語も堪能でした。折からの禅ブームの影響もあり、お寺には大物政治家や大企業の経営者など、著名人がひっきりなしに出入りしていました。そして、毎晩のように多くの外国人が坐禅《ざぜん》に通っていたので、私はごく自然に英会話ができるようになりました。

でも、二十歳になった頃から、庶民生活からかけ離れた有名寺院の生活に疑問を抱き始め、とうとう師匠と大喧嘩《おおげんか》をし、寺を飛び出しました。じつは、私は家出の常習犯なのです。

半年ほど娑婆《しゃば》世界で食いつなぎましたが、なぜか自分は神仏の世界から離れてはならないという思いが強まり、とうとう寺に舞い戻りました。師匠にこっぴどく叱られましたが、心の中では「自分は何も悪いことをしていない」と思っていましたから、その時に流した悔し涙は一生忘れることはないでしょう。

結局、私はもっと本格的な禅修行をするために、専門道場に入門し、小僧から雲水となりました。

そこで新たに仕えた師匠は特攻隊の生き残りで、峻厳《しゅんげん》そのものであり、一切の世俗性を頭から否定する人でした。毎日、三、四時間の睡眠で、坐禅と托鉢《たくはつ》と作務に明け暮れました。そんな単純な生活を十二年も続けることになるとは、夢にも思いませんでした。

そろそろ禅修行も最終段階に入った頃、なんと頑健そのものだった師匠がガンで急死してしまったのです。これには参りました。別な道場に移って、修行を続行する道もあったのですが、私は日本仏教をもっと客観的に見つめてみたいという気持ちがあり、一年ほど迷った挙句、アメリカ留学を決めました。

といっても、そんな道が容易に開けるはずもなかったのですが、親しくしていた世界的に有名な数学者夫妻が私の気持ちを理解してくれ、全米の主要な大学に長文の推薦状を送ってくださいました。

その結果、思いもよらぬことに、全額奨学金でハーバード大学神学部への留学が決まったのです。これが、私が最初に体験した奇跡でした。

その後も、ペンシルバニア大学の博士課程に進んだり、プリンストン大学の教員として採用されたり、いろいろとあり得ない物語が続くのですが、私の人生を一言でいえば、「棚ぼた」人生です。

シンガポール国立大学や東京外国語大学はじめ、いくつもの名門大学で教鞭《きょうべん》を取ったり、大学を定年退職すると同時に、富士山山麓に立派な「ありがとう寺」を建立してもらったりしたのも、私の実力ではなく、その背後に大きな力が働いていることを強く感じました。

青春時代を土塀の中で過ごした私が比較宗教学者となり、地球を何周もするような旅に出て、稀有《けう》な体験を重ねたことも貴重な心の財産になっています。

さらには禅僧だった私が天台僧となり、六十五歳で千二百年以上の歴史をもつ比叡山延暦寺で密教修行をすることになったのも、常識ではあり得ないことです。

そんな奇想天外な物語を私の人生に描いたのは誰かといえば、ほかならぬ神だったのです。しかも、おおよそ六十年間、どっぷりと宗教的世界に浸ってきた私でしたが、最近ついに神の正体に気づくことができたのです。その神の正体とは何か。

それは、大いなる〈いのち〉のことです。

人類がより平和で穏やかな文明を構築しようとするのなら、「宗教以前」の人間性の原点に立ち戻る必要があります。そこには人間中心主義ではない、〈いのち〉そのものへの畏敬の念があるはずです。

その〈いのち〉とは、動植物だけでなく、あらゆる物質とも共有するものです。たとえ、人類が滅亡しようとも、あるいは地球そのものが消滅しようとも、〈いのち〉は厳然として存在し続けるのです。

〈いのち〉こそが神であり、〈いのち〉への感謝が、真の信仰だという確信にたどりつきました。私たちが長くて短い人生で体験する光や闇も、すべて〈いのち〉の中で起きていることです。

〈いのち〉への感謝と喜び、そういう気持ちだけで一つひとつの文章を書かせていただきました。本書が皆様のお手元に末永く置いていただける存在となることを祈りつつ。

二〇二三年一〇月

町田宗鳳

風の便り●目次

越えられない試練は与えられない

たとえ自分のことを大して才能もなければ、性格も良くないと思っている人でも、その人の存在は、三十六億年前に地球上に発生した生命の流れの最先端にある奇跡です。

生命の最も進化した姿として、そこにあるわけです。

ですから今、どれだけ落ち込んでいたとしても、みずからの命を絶つことは、地球生命への冒瀆《ぼうとく》となります。

この世で命を授かったのは、決して偶然ではありません。

今まで数えきれないほどの輪廻《りんね》を繰り返してきた結果として、ようやくこの世に生まれてきたのです。

この世に生きていること自体に、人智《じんち》では計り知れない深い意味があります。

ですから、あなたに乗り越えられない経験はやってこないのです。

それが今、あなたの身の上に起きているということは、必ず乗り越えられるからです。

辛《つら》く悲しい経験こそが、あなたを人間的に成長させてくれるのですから、正面から勇気をもって、それに立ち向かってください。

そして、少しだけ笑ってください。

顔を引きつらせながらでも、ちょっとばかり笑えば、鬼が一目散に逃げていきます。

車でもギア一つで後進から前進に変えることができるように、意識の持ち方一つで何とでもなるものです。

宗鳳のひとりごと

歩が金になる

私は将棋の「歩」が「金」になるルールが好きです。チェスでも、弱いポーンが昇格してクイーンになったりして、それはまるで人生のようです。私はアメリカ在住時代、日本文化に馴《な》染《じ》ませようと、当時小学生だった二人の息子たちに、せっせと将棋を教えました。夕食後に彼らと将棋に興じたことは、今では懐かしい思い出です。時を経ずして、理系アタマの彼らに負けるようになったのは言わずもがな、その習慣は自然消滅となりました。

制約だらけの人生

私たちは、制約という名の牢屋《ろうや》の中で暮らしています。

もっと丈夫な体が欲しかった、もう少し若ければ、と思っても、病気が消えてなくなるわけでも、年齢と共に押し寄せる肉体の衰えを跳ね返せるわけでもありません。

朝夕どれだけ高価な薬を飲んだところで、死ぬ時は死にます。

大企業の幹部にでもなっていたら、今よりも遥かにいい給料をもらっていただろうに、と思っても、急に今の職場を変われるわけでも、急に昇給があるわけでもありません。

もう少し甲斐性《かいしょう》のある配偶者と結婚していたなら、こんなに苦労しなくても良かったのにと思っても、相手はますます老け込んで、ブツブツと愚痴っぽくなる一方です。

きっと相手も自分のことをそう思っています。

せめて子供たちだけでも、もう少し出来が良かったなら、将来を託せるのにと思っても、子供は相変わらずスネをかじるばかりです。

そんな人生の悲哀を感じていない人は幸せです。

家族のこと、職場のこと、自分の健康のこと、どれ一つとっても自分の思いどおりにはいきません。

そんな「百事不如意」の人生を、自我を少しずつ削り取ることによって「百事如意」の人生に転換することこそ、この世の醍醐《だいご》味《み》ではないでしょうか。

宗風のひとりごと

ユイちゃんのいる風景

私が飼っているユイという名前のヤギ。彼女はいつも自然体で穏やかに草を食《は》んでいます。毎日同じ草を食べているはずなのにとても楽しげで、満腹すると岩の上に坐《すわ》って、ひたすら反《はん》芻《すう》しています。ヤギの「晴耕雨読」を眺めているだけで、こちらも幸せな気分になってきます。禅の老師さえも、ユイちゃんの「無」の境地には敵わないかもしれません。

「ありがとう」の言霊

日本語の中で、いちばん美しい言葉は、「ありがとう」です。

それには不思議な言霊があり、幸運を引き寄せてくれます。

しかも、「ありがとう」という言葉は、お金がなくても、病気で寝ていても、言えます。

もし誰にも感謝できないような厳しい状況に置かれているのなら、今も働いてくれている自分の心臓や手足に感謝することから始めればいいのです。

感謝の心を言葉に表すことは、信仰があるとかないとか、そんなこととはなんの関係もないことです。人間としての、最低限の務めです。

人生の目標は、ただ一つ。

すさまじい逆境に置かれていても、何かの障害があったとしても、生きているうちに幸せになることです。

それは、この世に生を授かった人間としての最大の責任でもあります。

しかも、その幸せを引き寄せる上で「ありがとう」の言霊が、いちばん力を発揮するとなれば、出し惜しみするのは愚かなことです。

心の中で感謝しているから、口に出さなくても大丈夫というわけではなく、はっきりと大きな声で「ありがとう」と言った時しか、その言霊は動き出さないのです。

昔の人は、南《な》無《む》阿《あ》弥《み》陀《だ》仏《ぶつ》とか南《な》無《む》妙《みょう》法《ほう》蓮《れん》華《げ》経《きょう》とか、朝から晩まで唱えて救われようとしましたが、ついに「ありがとう」と唱えるだけで救われる時代が到来したのです。

否定的記憶

今、あなたの身の上に何か好ましからざることが降りかかったとしましょう。

たとえば、あなたに何ら悪意もないのに、あなたのことを必要以上に攻撃する人物が現れたとします。

それは、誰のせいでしょうか。

あなたの、あるいはあなたを攻撃する人物の責任でしょうか？

答えは、そのいずれでもありません。

真犯人は、あなたが心の奥底に抱え込んでいる否定的な記憶です。

人間関係だけではなく、商売のことでも、肉体的なことでも、何もないところに災いをもたらすのは、つねにあなた自身の否定的な記憶です。

仏教でいうカルマも、単にこの記憶のことを意味します。

しかし、この記憶はやたらと根が深く、簡単には抜き去ることができません。

宗教に難行苦行がつきものなのも、その記憶を消し去る作業がいかに大変か、昔の人も知っていたからです。

唯識でいう習気《じっけ》というのも、そのような思い癖のことですが、その人の一生を転覆させかねない破壊的な記憶が蘇《よみがえ》ってくることがあります。

人を殺してしまうのも、殺されてしまうのも、そのためです。

恐るべし、記憶の刃《やいば》。

ですから、人に親切にするのも、惜しみなく「ありがとう」と言うのも、すべては自分の否定的記憶を消すための下坐行《げざぎょう》なのです。

宗鳳のひとりごと

財布を駅に忘れる

駅で切符を購入した際、うっかりカウンターに財布を忘れてしまいました。しかも、そのことに気づいたのは丸一日後。慌てて駅に行ってみると、なんと駅に届けられていました。「現金はいくら入っていましたか?」と駅員に聞かれ、私は「数万円程度」と答えたのですが、申告額より遥かに多い大金が入っているではありませんか。もしかしたら、貧弱な財布の中身を見て、抜き取るどころか、誰かが一万円札をごっそりと付け足してくれたのかもしれません。

人の運は食にあり

自然食に凝る人は、あれもこれも体に悪いと言って、特定の食べ物しか口にしないという人が多いようですが、それも一種の原理主義です。

肉も魚も野菜も、すべておいしく、感謝しながら楽しく頂けることが健康食ではないでしょうか。

それにしても、現代人はいささか食べ過ぎです。そのために肥満と成人病が蔓《まん》延《えん》しています。

ほんとうに体に良いものを少し頂いて、満足できる体質に変えていく必要があります。

江戸時代の相学者だった水野南北は「人の運は食にあり」と言って、人は少食粗食の習慣を身につけるだけでも運命が好転できると説きました。少食は肉体的にだけではなく、運勢学的にも理想的なのです。

日本は一億総グルメ時代を謳歌《おうか》していますが、「食べる道楽」もあれば、「食べない道楽」もあることに気づいている人は稀《まれ》です。

一日一食か、できれば二食ぐらい抜いて、食べることの喜びを噛《か》みしめてください。そうすれば健康増進に役立ち、地球資源を無駄にせず、国家の医療費を節約することになります。

「食べない道楽」の喜びを知らない人が、あれもこれも食べて、食べ尽くしてから、大急ぎで病院に駈《か》け込み、ベッドの上で病人食を食べる羽目になり、やがては草葉の陰から墓前に供えられた干菓子ぐらいしか、口にできなくなるのです。

ご用心、ご用心。

宗鳳のひとりごと

秘められた才能

小僧時代、お寺の便所は汲《く》み取り式でした。野菜の肥料にするため、定期的に汲み取って畑の一角の穴で発酵させます。強烈な臭いを放つ人糞《じんぷん》を汲み取り、肩に天秤棒《てんびんぼう》をかけて肥え桶《おけ》で運びます。お寺では畑に行くまでに、美しい禅庭を通っていくので、躓《つまず》こうものなら大変なことになります。私は中学生の頃からそんなことをしていたので、今も年齢の割には力もあれば、バランス感覚もあるのですが、当時はこの肥担ぎの才能をクラスメートの誰にも自慢することはありませんでした。

自分にぴったり合った靴で歩く

ほんとうの幸せとは、どこまでも自分の夢を実現していくことです。

多少の苦難があっても、自分の手で夢を実現していくプロセスは、じつに楽しいものです。

ですから、興味のあることを追求し、楽しいと思うことを、どんどん実行していってください。

封建時代ではないのですから、目上の人にも気兼ねはいりません。

親・先生・上司は、それぞれの人生を生きればいいのであって、あなたの人生に足を踏み入れる資格はありません。

目上の人には敬意を表しつつも、あなたはあなた自身を大切にして、正々堂々と自分を生きてください。

自分が無我夢中になれるものを発見した時、おのずからこの世での自分の役割が見えてくるはずです。

一生、他人の靴を履いて歩き回るのは辛いことですから、どうか自分にぴったり合った靴を見つけてください。

自分が自分を生き、ほんとうに幸せであれば、周囲の人も幸せにできます。

あなたの突飛な決断を、初めは反対されることがあっても、あなた自身がほんとうに幸せになれば、もう誰もつべこべ言いません。

だから、正直に自分が望むところを生きることが、とても重要な意味をもっているのです。

全身全霊の踊り

ヒマラヤでトレッキングをした時、靴も衣服も最新装備の私たちに比べ、ゴム草履にジーンズとTシャツだけのポーターたちが私たちの重い装備を全部担ぎ上げてくれました。二重テントの中に二重寝袋で寝る私たちとは違い、彼らは毛布にくるまって屋外で寝ていました。凍死しかねない極寒の夜、体を温めるために彼らは小さな鼓を打ちながら、薄い酸素の中、輪踊りに没頭します。生死の際に立つ彼らの全身全霊の踊りは、人生で見た最高の踊りとして、いつまでも私の心に深く刻まれています。

自分というアリ地獄

私たちは、目に見えないアリ地獄に陥っています。

ここでいうアリ地獄とは、家族、仕事、健康、金銭、人間関係などの現実的問題に起因する悲しみ、苦しみ、焦りのことです。

浅い穴もあれば、深い穴もあります。誰でも、そこから一刻も早く、這《は》い上がりたいと思っていますが、現実はなかなかそうはいきません。苦しみから逃れたいと足搔《あが》けば足搔くほど、ズルズルと深みにはまっていきます。

ところが、アリ地獄を誰が掘ったのかといえば、自分なのです。

自分が掘った罠に、みずからはまって苦しんでいるわけですが、果たしてそこから脱出する方法は、あるのでしょうか。

万が一、救いの道があるとしたら、アリ地獄の原因となっている自分の思い込みを外す以外にありません。

ところが、思い込みというのは、自分が自分で抱え込んでいるものですから、それが思い込みであると気づく人は稀です。

思い込みの核心にあるのは、自我です。そして、この自我ほど厄介な代物はありません。死んでも自我にまとわりつかれている人は、幽霊になって「恨めしや」と戻ってくるくらいです。

自我の幻想を消すためには、自分の小ささや醜さに気づけるほどの精神的高みに自分を置くのがいちばんです。

そのためには、良き人、良き書物との出会いも大切です。せっかくの短い人生ですから、アリ地獄から早く這い出て、伸びやかに生きていきたいものです。

宗鳳のひとりごと

死に物狂いで走る

中学一年生の時、全校マラソン大会がありました。何をやってもドジな私なんか、「どうせビリだろう」と思われていました。走っているうちにトレパンの下に穿《は》いていたパンツのゴムが切れて、ずれ落ちてこないか心配でしたが、ともかく死に物狂いで走りました。そしてゴールをしたら、なんと私が一番だったのです。以来、にわかに女の子にモテ始めた、ということはなく、世をはかなんだ私は翌年、仏門に入るのでした。

天職を見つける

自分にどんな職業が向いているかを知っているのは、自分だけです。天職だけは、親が決めるわけにも、学校の先生が決めるわけにもいきません。

反対に、自分では進むべき道が見つかったと思っているのに、家族や友人の猛反対を受けることがあります。

そんな時は、大きな葛藤を抱えることになりますが、最終的には自分の判断を信じてください。

自分にほんとうに合った仕事を見つけることは、誰にとっても人生の一大事です。

一日でも早く人生の目標を見つけて、それに向かって邁進《まいしん》したいものです。

「少年老い易く、学成り難し」というように、一芸を極めるのには、とても時間がかかるからです。

人間は、本気で取り組める職業をもつことが、とても大切です。

なぜなら職業を通じてこそ、挫折感を味わったり、達成感を得たりして、人間的に大いに成長するからです。

一生、フリーターみたいな生き方をするのは、一見、自由なようでいて、じつは自分の可能性を十分に探らないまま、人生を中途半端に終えてしまう可能性があります。

だから、そういう職業をまだ見出《みいだ》していない人は、自分の天職は何なのか、という求める心を抱き続けることです。

その問いかけに、いつかは必ず答えがやってきます。

挫折は人生の折り返し点

何事でも真剣に取り組めば取り組むほど、どこかで挫折を味わうことになりますが、そこは辛抱のしどころです。

挫折は、親しい者との死別、離婚、倒産、スキャンダルなど、人によって異なる形で訪れるものです。

そういう状況に陥った時に味わう絶望というのは、まさに希望の人生に復活する「折り返し点」ですから、そこでまさか自殺などを考えてはいけないのです。

絶望の中で、悲しみも苦しみも味わい尽くす。味わって、味わって、味わい尽くした後に突如として溢《あふ》れてくるのが、「感謝」です。

絶望が感謝に変わり、目に映るすべてのものが、明るく見え出す瞬間があるのです。

それこそが人生の「折り返し点」であり、そこで人間的に大きく成長するのです。

じつは絶望のどん底でも、すでに希望の芽が吹き出しているのですが、本人にはそれが見えていません。雪に埋もれた樹木の枝に、芽が膨らみ始めているのと同じです。

ですから辛い時は、厚い雪の下で小枝が耐え続けるように、ひたすら耐えることです。

もう逃げ道がありません。そこに坐り込んで、悲しみを味わえばいいのです。悲しみが深いほど、希望への大きなバネになります。

宗鳳のひとりごと

愛宕山の思い出

雲水の頃、京都の最高峰・愛宕山に登り、山頂で火伏の護符を授かり、それを寺の大黒柱に貼る習わしがありました。あじろ笠に草鞋《わらじ》という出で立《いた》ちでしたが、二十代の私は山を天狗《てんぐ》のように駆け抜けていました。下山すると麓の寺で湯豆腐を振舞って頂いたのですが、私はそこでうっかり深酒をしてしまい、道場に帰ったころは日も暮れて、先輩僧からこっぴどく叱られました。今も昔も愚かな私です。

病気にかかるということ

病気になれば、誰でも弱気になるものです。

病に打ちひしがれている時は、この悲しみが永遠に続くと考えがちです。

ましてや、医者も見放すような重い病気を抱えていると、とても希望など抱けなくて当たり前です。

病気になったことにも深い意味があるはずですから、治そうと焦るのはやめて、病気に対して「ありがとう」と言い続けてみてください。

神仏の働きには、不可思議なものがあります。

人間はどうせ寿命が尽きる日がやってくるものです。ただ、遅いか早いかの違いがあるだけです。

そして死ぬ時は、誰もがたった一人で、手ぶらで死ななくてはなりません。

現在、経済的にも恵まれ、人が羨むような健康を謳歌している者も、いつかは死ななくてはならないのです。

そういう意味において、人間はあくまで平等です。

「いつ寿命が尽きてもよい。神様にお任せしよう」と覚悟を決めたなら、病気が悪魔なのではなく、あなたを尊い気づきに導いてくれる天使だったことに気づくかもしれません。

ブッダも人間の苦しみの根源には「生老病死」があると説きましたが、生と死、病気と健康は別物ではなく、本来一つの〈いのち〉です。

病気を全面的に受け入れたあなたが、〈いのち〉の底力を発揮し、笑顔を取り戻すのなら、あなたの存在が多くの人にとって励ましとなり、光となるでしょう。

宗風のひとりごと

敵はトイレにあり

出家以前の私は神経性腸カタルで、モノを食べると即下痢をしていました。特に学校では昼食後すぐにトイレに走る毎日で、女の子に「町田くん、またお便所？」と言われると、顔から火が出るほど恥ずかしかったものです。下校途中、ひどい下痢でズボンを汚したこともあります。今は「ありがとう断食」を主宰して健康第一を声高に叫んでいる私にも、そういう少年時代のトラウマがあるのです。今では少々腐敗した料理を食べても下痢をしないほどの丈夫な体質になりました。

重い荷物を下ろす

どうしようもなく八方塞がりのような状況になることは、誰の人生にも起こり得ることです。

気持ちも落ち込み、どうしていいかまったく分からない。自分の力では、どうしようもできないということもあります。

人は、それぞれに過去のカルマという荷物を担がされていますから、苦難から免れようもありません。その荷物は、健康上の問題、経済的な苦難、人間関係の苦労など、人によって形が異なります。

時には、その荷物が肩に食い込むほど重いものであったりしますが、それを担いで長い上り坂を登らされるような辛さが、人生にはあります。

誰でもそんな荷物をすぐにも放り出したいと思うでしょうけど、それができないところが、カルマなのです。

では、その荷物を下ろすことは、永遠にできないのでしょうか。

そんなことはありません。

覚悟を決めて、その荷物を運ぶところまで運んだら、それで終わりです。

それをずっと担がなくてはならないと思い込んでいるかぎり、現実もそうなってしまいます。

結構、幻想の重荷を背負ったまま、苦しんでいる人がいます。

意識を闇から光のほうに向ければ、重い荷物を肩から下ろして、夏の暑い日の午後、ゴロッと横になって昼寝をするような人生に切り替わります。

それを仏教では、涅槃《ねはん》と呼んでいます。

宗鳳のひとりごと

大八車の思い出

私は雲水時代、野菜や材木を運ぶために大八車を引いていました。ある日、いつものように重い材木を運んでいたら、大八車の車輪が突然バラバラに壊れて困り果てたことがあります。今は軽の箱バンで荷物を運んでいますが、五十年経《た》ってもやっていることは大して変わりません。私が亡くなった時は霊柩車《れいきゅうしゃ》ではなく、箱バンに乗せて火葬場に運んでほしいと家内に伝えてありますが、彼女の運転は暴走族に近いので、棺桶が振り落とされないか、今から心配でなりません。

待つということ

一流のスポーツ選手も、突如としてスランプに陥ることがあります。

どれだけ頑張ってみても、結果が出せずに、長いトンネルに入ってしまったような時期があるものです。

彼らと同じように、どんな仕事をしていても、ふと行き詰まりを感じる時があります。

そんな時は焦らずに、自分がもう一段、飛躍するためのジャンプ台にいると考えて、力を蓄えてください。

大海原を疾走していたヨットでも、いったん凪《なぎ》に入ると、漂うほかありません。

あとは、風が吹くまで待つだけです。

たとえ、あなたが全力投球したとしても、自然の法則に対しては、まことに非力です。

ともかく難破せずに、いつか目的地に到達すればいいわけですから、今の行き詰まりも、栄光を勝ち取る前の、準備期間だと思ってください。

いつも攻めの姿勢ではなく、時には、待ちの姿勢を構えることも学ばなければなりません。

時間が最良の薬となって、目の前に立ちはだかっていた壁が、幻のように消えてしまうこともあります。

そして、あなたの本領がいよいよ発揮されることになります。

それを信じて疑わないことが、本物の自信です。

宗鳳のひとりごと

〈いのち〉の充電

屋久島を久しぶりに訪れて、大自然の〈いのち〉が全島の随所に露出しているのを感じました。多くの人々が有名な縄文杉に惹《ひ》かれてこの島にやってくるわけですが、そこには〈いのち〉への郷愁があるのではないでしょうか。夕食に、獲れたてのしゃこ貝や夜光貝の刺身、葛の花の天ぷら、豆腐の味噌《みそ》漬けなどで、地元の仲間たちがもてなしてくれました。それら山海の珍味を肴《さかな》に、屋久島でしか入手できない黒麹《くろこうじ》の焼酎を頂きながら〈いのち〉の島の喜びを嚙みしめました。

懺悔の心

仏典に「煩悩は影のようなものであり、決して自分から離れず、菩提《ぼだい》は水に浮かぶ月のようで、手に取ろうとしても取れず」という言葉があります。

自分で自分の迷いを取り去ろうとすることも無駄だし、反対にホトケのように悟りを開こうと思っても、無理な話です。

この際、諦めが肝心です。

自分の愚かさを徹底的に知り、素直に神仏に手を合わせていくことが、大切なのです。

神仏の慈悲というのは、どのような人間にも平等に向けられていますが、それに気づく人と気づかない人がいます。

真摯な懺悔《ざんげ》の心がないところに、信仰心など芽生えることはありません。

おのれの罪深さを知る者のみが、まぶしい神仏の光を見ることができるのです。

罪を真に自覚することは、強い痛みを伴いますが、それは精神的覚醒の前の「産みの苦しみ」です。

倫理的に立派であるかどうか、教養があるかどうか、神仏はそんなことを少しも人間に求めていません。

われわれに求められているのは、深い内省の心のみです。

特定の宗教に心を奪われ、教祖の言いなりになり、厳しい修行をして、たくさんの経典を読まなければ救われないなどと思い込むのも、大いなる幻想です。

慈悲に溢れる神仏が、人間が自由に無邪気に、そして楽しく生きることを妨げるはずもないのです。

宗鳳のひとりごと

美女とふんどし

ラオスの田舎町で大好きな民族舞踊を見ていた時のこと。一人の踊り子があまりに可愛《かわい》くて見惚れていると、あろうことか、彼女が舞台から降りてきて、私の手を取り一緒に踊ってくれたのです。天にも昇る気持ちでいたのもつかの間、しばらくすると褌《ふんどし》の紐《ひも》がほどけてしまい、踊っているうちにズボンの中でズルズルと落ちてくるではありませんか。これには冷や汗たらたらで、必死で褌が落ちるのを食い止めるべく、お尻を突き出して踊ったことは、今思い出しても滑稽でなりません。

タダの人

人生を楽しく生きるコツは、一つしかありません。

バカになることです。

人目を気にして、人々の尊敬を集めようと、大マジメに生きようとしている人がいますが、しんどい人生です。

そんな人間にかぎって、毎日の生活が次第に息苦しくなって、突然、病気に倒れたりするものです。

誰だって、人に言えないような失敗や挫折を経験しているものです。

一気に消し去りたいほどの過去だとしても、それを負の遺産として、いつまでもクヨクヨと悔やみ、引きずっていてはいけません。

あなたが、どのような過去を歩んできたとしても、大切なことは今を「タダの

現象が一変する「量子力学的」パラレルワールドの法則

村松大輔 著

「周波数帯」が変われば、現れる「人・物・事」が変わる。これまでSFだけの話だと思われていた並行世界(パラレルワールド)は実は「すぐそこ」にあり、いつでも繋がれる！理論と実践法を説くこれまでにない一冊！

定価＝1540円（10%税込） 978-4-7631-4007-4

生き方

稲盛和夫 著

大きな夢をかなえ、たしかな人生を歩むために一番大切なのは、人間として正しい生き方をすること。二つの世界的大企業・京セラとKDDIを創業した当代随一の経営者がすべての人に贈る、渾身の人生哲学！

定価＝1870円（10%税込） 978-4-7631-9543-2

100年足腰

巽 一郎 著

世界が注目するひざのスーパードクターが1万人の足腰を見てわかった死ぬまで歩けるからだの使い方。手術しかないとあきらめた患者の多くを切らずに治した！
テレビ、YouTubeでも話題！10万部突破！

定価＝1430円（10%税込） 978-4-7631-3796-8

子ストアほかで購読できます。

人」として、誠実に、肩肘を張らずにケセラセラ、気楽に生きることです。

愚かな者は愚かなまま、賢い者は賢いまま、自分の地を出して生きていくに越したことはありません。

幸せは、「タダの人」を好んで訪れます。

「タダの人」とは、何にもこだわりを持たない人のことです。

優越感があっても、劣等感があっても、「タダの人」にはなれません。

自分の居場所を真に楽しめる人、ほんとうに腹の底から「自分は幸せな人間だ」という実感の中に生きている人が、「タダの人」です。

宗鳳のひとりごと

通訳笑い話

アメリカで貧乏学生だった頃、背に腹は代えられぬ思いで通訳のアルバイトをしていました。母校のペンシルバニア大学では、ノーベル経済学賞を受賞したクライン教授の講義の通訳をしました。てっきり挨拶程度かと思っていたら、なんと黒板に数式をいっぱい書かれて本格的な講義が延々と続いたのです。私は経済学のケの字も分からないまま、シドロモドロになりながらも、必死の思いで通訳していたのですが、ふと聴衆のほうを見てみると、ほぼ全員が寝ていました。

世界最強のマントラ

むやみとイライラしたり、小さなことにも腹を立てたりするのが、私たち凡夫です。

その問題だらけの性格を変えたいと思っても、自分ではなかなか変えられるものではありません。

いや、まったくうんざりするような自分の性格を簡単に変えられるのなら、誰だってこんなに苦労しません。

そこで、どうすればよいのでしょうか。

やはり答えは、一つ。「ありがとう」と言い続けることです。

自分の問題だらけの性格にも、「ありがとう」と言ってあげることです。

問題点をよく見つめ、深く反省することは大切なことですが、自分のことを否定してしまっては元も子もありません。

問題があるならあるままで、自分をそのまま受け入れてあげることです。

自分を愛せない人が、他者を愛することができるはずもありません。

「ありがとう」を言う時は、何に対しても条件づけをしてはいけないのです。

今あるがまま、そのままを「ありがとう」です。

日ごろから誰に対しても、何に対しても感謝し、それを実際に「ありがとう」と口に出して表現するよう習慣づけておくことが幸せに至る近道なのですから、世界最強のマントラである「ありがとう」という短い言葉を出し惜しみするのは、じつにもったいないことです。

欠点も美しい

人間は、欠点を抱え込むことによって成長します。

欠点が一つもない完璧な性格をしているとしたら、そこで魂の成長が止まってしまいます。

となれば、性格上の欠点も、神様が人間に与えたプレゼントなのかもしれません。現実にも欠点のない人よりも、欠点だらけの人のほうが、人間的で味わいがあるものです。

最高級の茶道具というのは、どこかいびつで、ヒビが入っていたり、欠けていたりするのと同じです。それがワビ・サビというものです。

人間でも完璧な人格者よりも、どこかに不具合があり、少し足りないぐらいの人間が、ワビ・サビがあって、他者から愛されもするのです。

郵 便 は が き

料金受取人払郵便

新宿北局承認

9158

差出有効期間
2025年 8 月
31日まで
切手を貼らずに
お出しください。

169-8790

174

東京都新宿区
北新宿2-21-1
新宿フロントタワー29F

サンマーク出版愛読者係行

ご 住 所	〒 都道府県	
フリガナ		☎
お 名 前		(　　　)
電子メールアドレス		

ご記入されたご住所、お名前、メールアドレスなどは企画の参考、企画用アンケートの依頼、および商品情報の案内の目的にのみ使用するもので、他の目的では使用いたしません。
尚、下記をご希望の方には無料で郵送いたしますので、□欄に✓印を記入し投函して下さい。
□サンマーク出版発行図書目録

1 お買い求めいただいた本の名。

2 本書をお読みになった感想。

3 お買い求めになった書店名。

市・区・郡　　　　　町・村　　　　　書店

4 本書をお買い求めになった動機は?

・書店で見て　　　　・人にすすめられて
・新聞広告を見て(朝日・読売・毎日・日経・その他=　　　)
・雑誌広告を見て(掲載誌=　　　)
・その他(　　　)

ご購読ありがとうございます。今後の出版物の参考とさせていただきますので、上記のアンケートにお答えください。**抽選で毎月10名の方に図書カード(1000円分)をお送りします。**なお、ご記入いただいた個人情報以外のデータは編集資料の他、広告に使用させていただく場合がございます。

5 下記、ご記入お願いします。

ご職業	1 会社員(業種　　) 2 自営業(業種　　) 3 公務員(職種　　) 4 学生(中・高・高専・大・専門・院) 5 主婦　6 その他(　　)		
性別	男・女	年齢	歳

あなたの周囲を見回してみても、魅力のある人物というのは、たいてい何かしかの不具合を持っているはずです。

だから、自分の欠点にも「ありがとう」と言ってあげればいいのです。

自分の性格的な問題を直したければ、それを否定するよりも肯定するほうが、うまくいくものです。

「ああ、自分は相変わらずバカだなあ」と思ってあげるだけでいいのです。

そして、目の前にあることにひとつひとつ丁寧に向き合い、こなしていくだけです。

時々大きく深呼吸をして、落ち込んでしまった自分さえも認めて、癒してあげてください。

宗鳳のひとりごと

虎とオロチ

山岳信仰の研究者として有名な韓国の大学教授にお会いした時、家にいる「山の神」には勝てないと言われたことには大いに共感しました。韓国では強い女性のことを「虎」と呼んだりするそうですが、我が家には、もっと恐ろしい「オロチ」がいると言ったら爆笑されました。山村にある彼の別荘に滞在させてもらったのですが、まるで魂の故郷に戻ってきたような強いノスタルジアを感じました。近くて遠い隣国が、ほんとうに近くなってほしいものです。

蒔いたタネは刈り取らねばならない

あなたが今抱え込んでいる悩みは、現実的な問題に理由があるにしても、深いレベルでは、あなた自身の過去世や、ご先祖の行為に原因があります。

カルマの法則とは恐ろしいもので、自分で蒔《ま》いたタネは、必ず自分で刈り取らなくてはなりません。

仏教に「業異熟《ごういじゅく》」という考え方がありますが、過去のあらゆるカルマが異なったタイミングで現象化してくるという意味です。

だから同じ時代に同じ国に暮らしていても、人間の境遇は千差万別なのです。

となると、人のことは人に任せるしかありません。

どんな問題を抱えていたとしても、他者が干渉して、どうにかなるものでもありません。本人が自分の生き方に反省するのを、辛抱強く待ってあげることも愛情の一つの形です。

それよりも、あなた自身が人の怒りや怨《うら》みを買わないような生き方をするほうが大切です。

人間は業が深い存在ですから、よほど慎重に生きていかないことには、どうしても知らぬ間に罪を作ってしまいます。

私たちは往々にして無意識のうちに、人を傷つけたり、裏切ったりします。自分のことを善人と思い込んでいる人ほど、その傾向が強いと言えるでしょう。

皮相な善を他人に押しつけて、自分勝手に得意になっていないか、つねにわが身を振り返って謙虚な生き方を求めていかなくてはなりません。

自分の至らなさを知れば知るほど、自然に神仏に手が合わさります。

宗鳳のひとりごと

命がけの大芝居

ベトナムのハノイでタクシーに乗っている時、六人組のギャングに襲われ、男たちが一気に乗り込んできました。このままではナイフか銃で殺されると思い、咄嗟《とっさ》に「オレは空手マスターだ。殺されたくなかったら、外に出ろ！」と大声で叫び大芝居をしました。彼らがたじろいだ瞬間、ベトナム通貨の札束を窓から派手にまき散らし、彼らが紙幣を拾い始めた瞬間、私は運転手の背中を叩《たた》いて急発進させました。ホテルに戻って、自分の服がボロボロに引き裂かれていることに、初めて気がつきました。

比較をやめる

人間が自分と他人を比較するのは本能的なものですが、どういう状況に置かれているにせよ、他人を羨む必要など、まったくありません。

何かの競争で、自分を負かした人間がいるとしても、その人はその人の才能を発揮しただけで、あなたはあなたの道を歩むだけです。

自分勝手に負け犬根性を抱いて、鬱々としている人間が多いようですが、じつにつまらないことです。人間には、それぞれ個性があり、才能があります。それを見出して、コツコツと伸ばすだけです。

他人とあなたの才能は、同じではないのですから、「人を見返す」なんて考える必要はなく、あなたはあなたの努力を重ねるまでです。

人と自分を比較することもありません。

くれぐれも他人が作ったマニュアルで、生きようとはしないでください。

そんなものは、なんの役にも立ちません。自分は自分のマニュアルを作ればいいのです。つまり、我流でいいのです。

そうすれば、人を見返してやりたいなどと愚かな考えを抱くこともありません。

時間が過ぎるのを忘れるほど仕事に没頭し、今日も元気に働けるだけで、最高の幸せです。

そんな日常の平凡に感謝し、今までよりも笑顔が多くなっている時、他人のほうが幸せに見えることはなくなっているでしょう。

どうせ短い人生ですから、少しでも楽しく、こだわりのない生き方をしたいものです。

宗鳳のひとりごと

フィンランドの湖

フィンランドには無数の湖があります。どの湖も森に囲まれていて、今にも妖精が現れそうです。無類のサウナ好きであるフィンランド人は湖畔に別荘を建て、週末になると、そこで白樺《しらかば》の木を燃やしてサウナを楽しみます。私も友人の別荘を訪れて、サウナに入って体を温めたり、目の前の湖に飛び込んだりしながら、何度もサウナと湖の間を往復しました。そしてフィンランド人を真似《まね》て、サウナで焼いたソーセージをかじりながらウォッカを飲むうちに、私もすっかり妖精と化しました。

最高の先祖供養

「どうせ自分なんて」と思う気持ちは、謙虚さから来るものではありません。

仏教では、増上慢と卑下慢という二種類の慢心があると教えられています。前者は自分が他人よりも偉いと思い込むことであり、後者は自分が他人よりも劣っていると思い込むことです。

二つとも、エゴにこだわる者が陥る、心の驕《おご》りなのです。

自分は一人で生きているのではありません。あなたには必ず親があり、またその親にも親があり、果てしない先祖の系譜の最先端に、あなたという存在があるのです。

自分をバカにすることとは、ご先祖をバカにするのと同じことです。

人は先祖供養といって、法事を営んだり、お墓参りをしたりしますが、最善の先祖供養は、あなた自身が自分の生き方に満足し、幸せに生きていることです。

たとえば、あなた自身があの世に行って、そこからこの世に残したわが子たちの姿を眺めるとしましょう。

彼らが不平満々で、毎日が「つまらない」というような生き方をしていれば、その子たちを産み育てたあなたは、どういう気持ちになるでしょうか。

反対に、子供たちがイキイキと毎日を楽しんで生きてくれていれば、ほっとするだけでなく、「ああ、あの子たちを産み育てて、良かった」と思うに違いありません。

ぜひ、お布施のいらない先祖供養をしてください。

モンタナの山羊

日本ではあまり知られていませんが、アメリカのモンタナ州はスイスのように美しいところです。平原には無数の馬が放牧され、美しい渓流があり、山間部では岩山が天を衝《つ》いて聳《そび》えています。険しい山肌にいた山羊が岩から岩へ飛び降りてきたかと思うと、私の手が届くほどのところにやって来た時には驚きました。湖畔を散策していた時にはすぐ近くで熊が魚を捕まえていました。時折、大自然の懐に抱かれると、自分の中の〈いのち〉が声を上げて喜ぶのを感じます。

生まれつきのままで

誠実に生きていれば、誰でも自分の徳のなさに気づくものです。

何事も手抜きをし、いい加減に生きていれば、かえってオノレの愚かさに気づかないものです。

「実るほど頭《こうべ》を垂れる稲穂かな」という言葉があるように、知識もあり、体験もある人間ほど、謙虚になるものです。

しかし、あなたは何一つとして特別なことをする必要はありません。

自分を卑下などせず、反対に「いろいろ辛いこともあったけれど、よく頑張ってるね」とほめてあげてください。

自分の性格を改善してから、何か精神的なことに取り組もうとしても、うまくいくものではありません。

そんなことは、永遠にあり得ないからです。

真面目な人間は真面目な人間なりに、不真面目な人間は不真面目な人間なりに、自分に対して「ありがとう」という言葉を口にするだけで、だんだんと自分の感情の濁りを消し去ることができるのです。

私たちの〈いのち〉は、神仏から預かったものです。

その預かった〈いのち〉に対して、ケチをつけるような生き方をすれば、神仏を冒瀆するようなものです。

だから現実に、いろいろ大変なことがあったとしても、いつも「ありがとう」という気持ちで暮らしていくのが、神仏の意にかなった生き方ではないでしょうか。

宗鳳のひとりごと

ノルウェーの農村

私はオスロ国際平和研究所の客員研究員をしていた関係で、時々ノルウェーを訪れることがあったのですが、列車で地方に出かけるのが楽しみでした。車窓から見える農村は絵に描いたように美しく、文字通りお伽《とぎ》の国です。緑の丘陵に木造の小さな農家が点在しているのですが、その屋根はすっぽり土で覆われて、草がいっぱい生えています。まるで人間が大自然に溶け込んで暮らしているようで、そんな風景を見る度に、なんだか嬉《うれ》しくなって笑みがこぼれました。

色々いるから面白い

世の中には、いろんなタイプの人がおり、自分よりも頭の回転が速く、仕事をテキパキとやってのける人もいれば、自分より要領が悪く、ウダツの上がらない人もいます。

それが良いとか悪いとかいうわけでなく、その雑多性こそが人間界の面白みです。それを楽しんで眺めるぐらいの余裕をもってください。

みんなが秀才ばっかりだったり、みんなが鈍才ばっかりだったりすれば、じつに面白みのない世界になってしまいます。

人が先に行こうが、後から来ようが、あなたには関係のないことであり、あなたはあなたのまま自分の思うようにやっていけばいいだけです。

ただし、怠け者は神仏の好むところではありません。

何かの仕事に真剣に取り組んで、少しでもうまくできるように工夫するところに、人間の美しさも尊厳もあります。

幸福を勝ち取る人は、要領が悪くても、鈍感でもいいのですが、決して怠け者ではありません。

怠け者には向上の喜びが分かりませんが、働き者は仕事に精を出せば出すほど発見があり、「もっと良くなってやろう」という意欲が湧いてきます。

それが楽しいのです。

いくつになっても、そのような意欲に燃えている人は、好奇心旺盛で、青年のような意気を感じさせてくれます。

深い学び

どんな立派な話を聞いたり、深い内容の本を読んだりしても、それをほんとうに理解し、目の前の現実が変わるほどに実践していくためには、それを頭の先だけでなく、心の深いところで受け止める準備ができていなくてはなりません。人間は愚かな生き物なので、少々痛い目に遭わないと、学習できない面があります。

野生動物も苛酷な自然環境の中で、いろいろと学習しながらサバイバルをしていますが、それと同じことが人間生活にも当てはまります。

失敗するのが怖くて、なんのリスクも取らず、自分の小さな世界に閉じこもっていれば、当然のことながら学習量が少なくなります。

「艱難《かんなん》、汝《なんじ》を玉にす」という諺《ことわざ》があるように、痛みが大きいだけ学びも大きくなります。冒険の旅に出るうちに、いろんな試練に遭遇するのも、じつはすべて学習のための教材なのです。

せっかく辛い目に遭っているのに、そこから何も学ぼうとしないでいると、いつまでもその辛い思いが続くことになります。

現在の辛い状況から、一日も早く脱却したければ、あなた自身がそこから謙虚に何かを学び取ることです。

何も難しいことではありません。少しも焦らずに今日一日を丁寧に、そして笑いながら生きていけばいいのです。

亀の歩みのように、ゆっくりと、そして着実に進んでいけば、誰でも幸福に到達できるものです。

宗鳳のひとりごと

三本足の名犬

小僧の時、夕闇の中で本堂を閉めに行くと、庭先から奇妙な鳴き声が聞こえてきました。探してみると、切断された足から血を流した野良犬がうずくまっていました。近くを走る電車に轢《ひ》かれたのかもしれません。あまりに壮絶な光景に呆然《ぼうぜん》としましたが、アンパンを持っていくと食べました。そんなことを繰り返すうちにすっかりなついて、登校時には校門まで三本足でついてくるようになり、部屋で勉強する時には机の下に寝そべって私のそばにいました。本当に賢い犬だったので、今でも会いたいです。

人は人、自分は自分

世間というものは一筋縄で済むものではありませんから、時にはあなたの思惑とは反対の方向に、物事が動くこともあります。

あなたの真意を誤解し、人があなたに対して、わけもなく怒ったり、憎んだりすることもあるかもしれません。

そういうことがあっても、自分の心をぶれないようにしておくことが大切です。

そもそも相手の敵対感情も、その人の脳で作り上げられた「思い込み」に過ぎません。

そんなカゲロウのような現象に対して、いちいちあなたの心が揺れ動いてしまえば、その現象が実体化してしまいます。

人間にとっては、どんなことも学習の機会ですから、あなたに悪意を抱き、敵対するような人物が現れた場合、その人とどう接していけばよいのか、よく考えてみることです。

その人の敵対感情は、その人の問題であって、あなたの問題ではありません。

しかし、その人の敵対感情をあなたの中に取り込んでしまうと、その瞬間からあなたの問題になってしまいます。

ですから、他人の感情を自分の中に取り込まないような練習が必要です。

人は人、自分は自分です。

いつも神仏に向き合うような生き方をしていれば、おのずと自分の中心軸がはっきりとしてきて、簡単には人の感情に影響を受けなくなります。

免疫力の強い人が、ウイルスをはねのけるのと同じです。

バナナのバスケット

アフリカの貧困対策の一環として、ウガンダに土嚢《どのう》ハウス作りの指導に行ったことがあります。炎暑酷暑にあっても土嚢ハウスの内部は涼しいし、地震にも強いのです。その時、近くの村で村民の自立支援のために、バナナの皮のバスケット作りの技術指導をしていた一人の日本人女性がいました。盗賊のいる危険地帯で暮らしている彼女の勇気にも驚きましたが、村民たちが作ったバスケットの美しさにはもっと驚きました。

徳は孤ならず

この現実世界を作るのは、すべて自分の心です。

人生という極めて個人的な作品をどう仕上げるか、ひとえに自分という芸術家の腕にかかっています。

そのためにも、人の生き方をとやかく言わないことです。その人はその人なりに、自分の生き方が正しいと思って生きているのです。

その生き方が、はなはだ他者に迷惑なものであっても、まわりの人間がいくら注意しても、本人が気づくまで改められることはありません。

自分の汗や尿の臭いは、自分には分からないのと同じです。

物や人に向けている意識を、なるべく自分の内面に向けてください。

人ではなく、絶えず自分を見続けるのです。

そうすれば物事を善い悪いと判断したり、人の動きによって左右されていたりした自分の心がぶれなくなります。

人の言葉に振り回されることもなくなります。

あなた自身がほんとうに変わった時、思いがけず、あなたが苦痛に思っていた人間も変わっているかもしれません。

そんなことは現実にもよくあることですが、無意識で繋《つな》がっているからです。

自分の信念を貫く人が孤独であるはずはなく、敵だった人をも味方にしてしまうことさえあります。

『論語』に「徳は孤ならず、必ず隣あり」と書かれているのも、そういうことを意味します。

宗鳳のひとりごと

パレスチナの若者たち

パレスチナ保護区は、イスラエルが構築した恐ろしく高い壁で周囲から完全に隔離されています。そこを訪れた時、私が乗ったタクシーに複数の若い男たちがいきなり乗り込んできました。「万事休す」、すべてを略奪されることを覚悟しました。ところが、しばらくして分かったのですが、彼らはイタズラをしていただけなのでした。厳しい状況に置かれているパレスチナにあって、思いのほか人々が陽気なことに驚きました。早く平和が訪れることを祈るばかりです。

人生という学校

私たち一人ひとりは、人生という学びの学校に来ています。

まだ小学校にいる弟が算数の問題を解けないでいる時に、大学に進学した兄が「こんなことも分からないのか」と叱るわけにもいきません。

すべては、自然の流れのままにしておけばいいのです。

人はそれぞれに、途方もない時間をかけて、だんだんと賢くなっていくのです。

他人の振る舞いを見て、いちいち感情的になるのは、骨折り損のくたびれ儲《もう》けということになります。

家族の中でも、自分の考えているようには行動してくれない人間がいるものです。

だからといって、目くじらを立て、ヒステリックに怒鳴るようなことがあれば、家族の絆《きずな》がぎくしゃくしてしまいます。

気長に、その人の向上を祈りながら、本人が気づくのを待つよりほかありません。

職場でも、自分勝手で何かとわがままな人がいるものです。傍若無人で、同僚がそれとなく注意しても聞く耳を持ちません。

そういう人がいても、その人を軽蔑するのではなく、今は学びの期間に入っているのだと考え、遠目に見守ってあげてください。

人を批判しただけ、あなたの「徳」を損ねてしまいます。

それよりも、あなた自身が人からも尊敬され、愛される人間になることが、今すぐにでも始めるべき努力ではないでしょうか。

宗鳳のひとりごと

元気復活健康法

日本各地はもちろんのこと、ニュージーランドや台湾では川の温泉、イギリスではローマ帝国遺跡の温泉、ミャンマーでは田んぼの温泉、マレーシアでは渓谷の温泉、カリフォルニアでは砂漠の温泉と、私はどこへ行っても温泉を楽しみます。特に地元の人たちが集う共同浴場などは、施設はボロでも源泉かけ流しが多く、格別に味わい深いものがあります。温泉と水風呂を交互に浸かれば温冷浴となり、私にとって最高の「元気復活健康法」になります。

許せば楽になる

人を許すとは、自分が楽になるということです。

許せない人がいるうちは、心にわだかまりがあるわけですから、それだけ苦しい思いをすることになります。

人を許したぶんだけ、自分を許すことになります。

もちろん、自分に危害を加えた人間、あるいはひどい裏切りをした人間を許すというのは、並大抵のことではありません。

相手を八つ裂きにしても、気が済まないというような状況に置かれている人もいるでしょう。

それでも人は許さなくてはならないのです。

なぜなら、あなた自身が許されて生きているのですから。

罪に大小はあるかもしれませんが、罪のない人間など一人もいません。それを仏教では業といい、キリスト教では原罪といいます。

そういうものを背負って生きているのが、私たちです。そして、誰もがその深い罪を許され、生かされています。

ですから、ほんとうの許しというのは、人間がするのではなく、神仏のみがなし得ることです。

生きていること自体、多くの生命の犠牲の上に成り立っており、刻々と私たちは許しの中で生かされているのです。

せっかく自分の借金を帳消しにしてもらったのに、他人の借金を厳しく取り立てるようなことはしたくありません。

宗凰のひとりごと

石豆の弁当

お寺から中学校に通っていた私は、いつも弁当の中身が大豆を固く煮しめた石豆と梅干しと決まっていました。周囲を見渡すと、卵焼きやらウィンナーが入ったお母さんの愛情いっぱいのカラフルな弁当ばかりでした。モノトーンの自分の弁当になんだか気後れがして、昼休みになると、運動場のバックネットの上や隣接するお寺の墓地で弁当を食べるのが日課になりました。少年時代に石豆を食べ過ぎたせいか、今も豆料理だけはすっかり箸が進まなくなってしまいました。

自分を許す

他者を許せない人は、じつは自分を許していないのです。

心の奥深くに、ほとんど意識されることのない罪悪感や劣等感があり、それを許せないでいる自分がいるのではないでしょうか。

他者への怒りも、よくよく見つめてみれば、自分に対する怒りなのではありませんか。その否定的な感情から自分を解放した時、なぜか他人をも許せてしまうものなのです。

確かに他者をも自分をも許すことは、容易ではありません。

その一つの方法として、ときどき瞑想《めいそう》の中で、自分自身に「ありがとう」と言ってあげるのがよいと思います。

これまでの人生の歩みの中で、さんざん苦労をした自分のことをいちばんよく知っているのは自分自身にほかならないわけですから、その自分が自分に向かって「ありがとう」と言ってあげるのが、最高の癒しとなります。

その後、自分が許せないと思っている人物のことを思い出しながら、「ありがとう」と言ってみてください。

感情的には、とても難しいことですが、機械的にでも「ありがとう」と繰り返し言ってみてください。

その人も、あなたの人生にとって何らかの必要性があって登場してきたはずです。苦々しい体験を通じて、貴重な学びの機会を与えてくれたのですから、やはり感謝です。

宗鳳のひとりごと

円形脱毛症に悩む

二十年もの月日を禅寺で暮らしていた私が、褌をパンツに、着物から洋服に着替え、下駄を靴に履き替えてアメリカに渡り、ハーバード大学の門をくぐった日から、それまで坐禅と草取り、薪割りしかしていなかったのに、いきなり難解な英語の哲学書に埋もれて暮らすようになりました。我ながら凄《すご》い適応力だったと思いますが、体は正直なもので、数か月後、生まれて初めて五百円玉ほどの円形脱毛症になりました。

死を思う

誰にもいつか必ず訪れる「死」を思うことは、とても大切なことです。「死」を思うから、どう生きるかを考え、また謙虚になります。

死が容赦なく刻々と迫っているわけですから、毎日が死に支度であり、今日という一日を無駄にできるはずがありません。空《むな》しいなんて言っている暇すらありません。人生の寂寞《せきばく》を嘆くのは、一種の甘えです。

しかも、その死は何十年も先にやってくるとはかぎりません。明日か、一週間後に、死が訪れるということもあります。

しかし、刻々の生を大切に生きる者にとって、死は生の敗北ではなく、生の勝利です。勝利のゴールに向かって生きるのが、なぜ空しいのでしょうか。

たとえば百メートル競走で全力疾走している時、何も考えていないはずです。

考える暇もありません。ゴールした後のことも考えていません。無我夢中で走るだけです。それが、人生の極意です。

小学校の運動会なら、どの子供もゴールまで完走したなら、親が拍手喝采してくれます。一等でもビリでも、親は子供が一生懸命走っている姿が愛《いと》おしくて仕方ないのです。たとえ途中で転んだとしても、ゴールした子供を大喜びで抱きかかえたりします。

神が人間を見る目も、それと同じです。ゴールの先には、神の愛が待っているだけです。

一生懸命まっしぐらに走ってきた子供一人ひとりを、神は抱きかかえようと待ち受けているのです。

宗鳳のひとりごと

命拾い

私は何度も命拾いの体験をしています。その一つが、マレーシアの離島に小さな漁船に乗ってダイビングに出かけた時のこと。沖合で突如スコールに巻き込まれてしまいました。甲板は波に洗われ、海に投げ出されるか分からないほどの揺れで、いつ転覆してもおかしくない状況でした。しかし、「自分にはやるべき仕事があるはずだから、ここで死ぬわけにはいかない」と思った途端、スコールが止んで元の穏やかな海になり、私は海の藻屑《もくず》になることを免れたのでした。

マチガイだらけの自分

この地上に肉体をもって生きている者で、完璧な人間などになれる者は一人もいません。

ブッダやイエスですら、人間として何らかの欠点をもっていたはずです。

私たちと同じ欠点もある人間だった彼らが、深い知恵に目覚め、それを語ってくれたからこそ、私たち凡夫も彼らの教えを理解できるのです。

だからあなたも、そう気負わず、マチガイだらけの自分であることを素直に認めてください。

人間は、人生のどこかで徹底的に自分に絶望してみる必要があります。手も足も出ないほどの絶望の中で、人は祈ることを学びます。

まだ自分でなんとかできると思っているうちは、甘いのです。

とはいうものの、完璧な人間にはなれなくとも、今よりも少しはマトモな人間になろうという志は尊いものです。その努力は、息を引き取る最後の最後までなされるべきものです。

しかし真剣かつ誠実に生きようとすればするほど、自分の至らなさが目につくものです。

それが、人間の良心というものです。

良心の正体は、懺悔の心にほかなりません。

それにしても、マチガイだらけの自分も他者も許しながら、互いに支え合って生きているところに、人間社会の尊さも美しさもあるような気がするのですが、そうは思いませんか。

宗鳳のひとりごと

スラムの住民たち

世界最大のスラムとされるマニラのトンド地区を臓器売買の調査で訪れたことがあります。凶悪犯もそこに逃げ込めば、警察も立ち入れないアンタッチャブルな世界です。足を踏み入れるのを何度もためらいましたが、いざ入ってみると、みんな陽気で、若者たちはゴミ箱を利用してバスケットボールに興じ、女たちは洗濯物を干しながら歌い、男たちは広場で酒を酌み交わしていました。どんな環境であろうと、人間の生きる力は底知れません。

幸せのご褒美

ふつう私たちは、何かいいことをしたり、頑張ったりしたご褒美として、幸せが与えられると思っています。

つまり幸せは、努力の結果だというわけです。

ところが真実は、その反対です。幸せは、幸せでいることの結果であり、ご褒美なのです。

「いま幸せ」と思っていないと、次の幸せはやってきません。

育った家庭環境や過去世からのカルマなどの理由で、とても自分なんかは幸せになれないと考えている人は、徹底的に頭を切り替える必要があります。

その意識が幸せにブレーキをかけてしまいます。

幸せでいることができるかどうかは、今、自分が現実をどう受け止めるかということだけにかかっているのです。

「幸せのご褒美」は、別な言い方をすれば、幸せの投資術です。

幸せと思えば、ますます幸せになります。

幸せと感じるのに、仕掛けはいりません。いま生きて、食事ができて、友達がいてくれるだけで幸せです。

どんな小さな出来事にも、「ああ、幸せだな」と思うようにしていれば、もっと大きな幸せがやってきます。

現実の投資の世界でも、十万円を百万円に、百万円を一千万円にしてしまう人がいるように、幸せの投資術を身につけましょう。

悠久の時間

目に見えない宇宙の法則。その荘厳さに心打たれ、おのれの小ささを知り、おのずと頭を垂れることができる人が、真の信仰者なのです。

特定の神を絶対視するのが、信仰ではありません。その人は仏教者である必要も、キリスト者である必要もありません。

大いなる宇宙の法則に向かって、手を合わすことができる人は幸せな人です。人間界の小さな出来事に、心煩わせることが少ないからです。

この世をはかなんで命を絶つ人がいますが、それはこの世だけを見ているからです。人間の存在は、はかないものではありません。

地球が誕生する以前から、太陽系は存在しています。

太陽系が誕生する以前から、銀河系は存在しています。

銀河系が誕生する以前から、宇宙は存在しています。

そんな宇宙とわれわれ一人ひとりが繋がっているのです。宇宙の悠久の流れの中で、「私」が今という瞬間を懸命に生きるところに、人間の尊厳があります。

何一つとして悲観することはありません。学校や会社に行くことも、その宇宙的時間の中での出来事です。クシャミ一つしても、宇宙の大事件です。

一万年後、それがどういう現象を生み出すことになるか人間には不可知ですが、必ず何かに繋がっていきます。

「人の命は地球より重い」のではなく、「人の命は宇宙そのものである」が正しいといえます。ほんとうに心の底から、そう思えた時、ブッダと同じ解脱をしたことになります。